MALACOLOGIE

TERRESTRE ET D'EAU DOUCE

DE LA RÉGION INTRA-LITTORALE

DE L'AQUITAINE

PAR

J.-B. GASSIES

MEMBRE DE LA SOCIÉTÉ LINNÉENNE DE BORDEAUX, DE PLUSIEURS ACADÉMIES ET SOCIÉTÉS SAVANTES, NATIONALES ET ÉTRANGÈRES.

A PARIS

CHEZ J.-B. BAILLÈRE ET FILS
LIBRAIRES DE L'ACADÉMIE IMPÉRIALE DE MÉDECINE
Rue Hautefeuille, 19.

ET CHEZ F. SAVY, LIBR.-ÉDIT.
Rue Hautefeuille, 24.

1867

MALACOLOGIE

TERRESTRE ET D'EAU DOUCE

DE LA RÉGION INTRA-LITTORALE (1)

DE L'AQUITAINE

INTRODUCTION

§ I.

Le littoral du golfe aquitanique est bordé par une série continue de dunes de sable d'une largeur moyenne de 4 kilomètres, offrant une barrière infranchissable aux envahissements de la mer et fixées par des plantations de pin maritime (2).

Ces dunes sont creusées de petits vallons nommés *lèdes*, *leytes* ou *lètes*, selon les localités. Elles cessent alors d'être stériles ; car, riches au contraire d'une vigoureuse végétation d'arbustes et de plantes herbacées, elles offrent de petites oasis au milieu des déserts de sable.

La plupart de ces vallons cependant sont marécageux et fort difficiles à parcourir, car le sol très-mouvant est souvent dangereux à cause des nombreuses fondrières, nommées *blouses* (3), dont il est parsemé et

(1) Nous entendons par intra-littorale, la partie purement arénacée de la rive gauche de la Garonne qui s'étend du littoral jusqu'à la Baïse.

(2) C'est par le célèbre ingénieur Brémontier que furent commencés ces travaux, presque terminés aujourd'hui.

(3) Ces blouses sont souvent en communication avec la grande nappe d'eau douce, et par conséquent d'une profondeur variable mais suffisante pour paralyser tout mouvement ascensionnel de la part de l'homme et des animaux qui s'y sont enfoncés. Dans certaines localités le nom de *blouse* devient *bedouse*.

que dissimulent les tapis de mousses, joncs, carex et autres plantes propres aux marais sablonneux.

Les eaux pluviales arrêtées dans ces vallons par les dunes qui les limitent, ne trouvant pas d'écoulement naturel, forment des flaques stagnantes qui persistent jusqu'à l'époque des grandes chaleurs de l'été.

C'est dans ces petits réservoirs que vivent certains mollusques dont la vitalité paraît extrême si l'on s'arrête à la surface desséchée pendant l'été, car ils reparaissent aux moindres pluies d'orage; mais il est facile, pour peu qu'on y fasse attention, de voir que ces animaux n'ont souffert relativement que fort peu, car le sous-sol dans lequel ils se sont enfoncés en suivant toujours les parties imprégnées de liquide, et par conséquent très-meubles, les a maintenus dans un état d'humidité, suffisant pour éloigner d'eux tout danger de mort.

La partie des dunes qui regarde l'intérieur arrête également l'épanchement des eaux du plateau des landes, et cela dans des proportions énormes, aussi les flaques s'y transforment-elles en vastes étangs d'eau douce, habités par une population plus ou moins nombreuse d'oiseaux, de poissons et de mollusques.

Ces étangs, dont la plupart étaient fort peu connus des zoologistes, avant que les voies ferrées fussent établies, ont été explorés suffisamment, aujourd'hui que les relations sont plus faciles, pour qu'un aperçu de leur faune puisse être publié avec quelque certitude.

C'est là le but du travail auquel nous nous sommes livré afin de compléter, autant que faire se peut, la Faune malacologique du département de la Gironde commencée en 1827, par M. Charles des Moulins, dans les Actes de la Société Linnéenne, et rééditée par nous en 1859, avec des additions nombreuses, dans le même recueil.

§ II.

La partie de notre littoral qui s'étend de Sanguinet, au Sud, vers la Pointe-de-Grave, au Nord, nous était complètement inconnue il y a peu d'années. Les moyens de transport si défectueux alors et l'impossibilité de trouver les choses les plus nécessaires à la vie dans des landes inhabitées; le temps considérable qu'il eût fallu pour mener à bonne fin des excursions consciencieuses; tout nous faisait à la fois défaut et rendait impuissant le désir que nous avions d'étudier par nous-même ce que nous ne connaissions que par des récits plus ou moins vagues.

Nous commençâmes nos excursions en 1860. C'est par l'initiative de la Société de Botanique de France que fut organisée celle de l'étang de Lacanau. Les explorateurs y furent fort nombreux, et les savants d'élite qui s'étaient donné rendez-vous à cette fête, se rappelleront toujours avec un vif sentiment de plaisir les jouissances nouvelles pour tous, qu'elle leur procura.

Il nous semble encore entendre le cri d'admiration poussé simultanément par toutes les personnes que renfermait notre barque, lorsque après avoir navigué dans les méandres des chenaux entre les grandes herbes, les roseaux et les joncs, nous débouquâmes tout-à-coup dans l'étang.

En effet, rien de plus splendide que l'aspect de cette grande nappe d'eau sans coloration, mais qu'un jour couvert semblait argenter (1).

Notre première sensation s'exprima par une comparaison, et chacun de nous se rappelant les magiques descriptions de Fenimore Cooper, se crut un instant transporté sur la rive d'un des lacs de l'Amérique du Nord. Autour de nous, un morne silence; pas un cri d'oiseau; la voix humaine à peine vibrante !...

Devant nous, le lac et ses petites îles; à l'horizon les dunes couvertes de pins; à droite et fuyant vers le Nord, les forêts de Lacanau, d'Hourtin et de Carcans, et enfin, au Sud, une légère échappée dans les nuages, laissant deviner le bassin d'Arcachon, la mer !

Aspect grandiose, mais triste en même temps !

L'une des petites îles de l'étang, dite *des Boucs*, fort restreinte et que la houle des grands vents d'Ouest, mine constamment, tend à disparaître comme celles dont les vestiges sont encore indiqués par quelques troncs de pins noircis, comme si la flamme d'un incendie les eût carbonisés, et qui semblent, laissés là exprès pour avertir le nautonnier des dangers de cette eau trompeuse.

Les grands marais qui s'étendent à gauche avant d'arriver à l'étang, sont sillonnés de canaux profonds sur lesquels glissent de nombreux bateaux plats, et une sorte de crique, appelée pompeusement port de Lacanau, sert à la réunion des habitants partant pour la pêche assez

(1) Le but de la Société Botanique était surtout de recueillir l'*Aldrovanda vesiculosa*, signalé jadis par notre compatriote, Bory de Saint-Vincent, aux environs de la Teste, et que notre honorable collègue et compatriote également, M. Durieu de Maisonneuve, avait retrouvée à Lacanau.

productive qui se fait, quand le temps est beau, à l'aide de l'épervier et de la seine.

Les poissons de l'étang sont des carpes, anguilles, tanches et surtout de superbes brochets.

Les bords du lac qui touchent les dunes, sont habités par le conducteur des ponts et chaussées chargé de l'ensemencement et de la conservation des forêts domaniales. Le lieu qu'il habite s'appelle le Moutchic, et nous aurons l'occasion d'en reparler à propos des espèces que nous y avons recueillies.

De Lacanau à Hourtin et Carcans, deux autres étangs qui se relient par un étroit canal, la route est peu longue.

Ces deux grandes nappes sont loin de présenter le même charme que leur voisine; leur aspect est plus uniforme que celui de Lacanau, et leur fond également d'*alios*, dépourvu de toute végétation, ne peut nourrir que de rares espèces.

En rebroussant chemin, et en suivant les bords du canal de dessèchement récemment terminé (1), on arrive aux petits étangs dits du Porge, composés d'un groupe de *six* ainsi nommés: étangs de Batejin, de Bateurtot, de la Grane, de l'Église vieille, de Lagouarde et de l'Ilet.

C'est dans ces étangs que parquent les magnifiques bivalves dont nous aurons bientôt à nous entretenir, et dont le premier individu en fut rapporté, mais brisé, par notre excellent confrère M. D. Guestier.

En septembre 1863, M. Emile Lalanne nous apporta quelques individus vivants de ces mollusques, dont le faciès si remarquable nous décida à aller les étudier dans leur lieu d'habitation.

Aussi, aidés des conseils de notre ami, décidâmes-nous d'organiser une excursion toute spéciale, et nous y conviâmes nos bons collègues Bordelais, appartenant à plusieurs Sociétés scientifiques, MM. Guestier, Germain, Lambertie et Souverbie, qui s'empressèrent de se joindre à nous.

Comme nous le disions plus haut, les courses à travers les landes sont maintenant un peu facilitées par la voie ferrée. Celle du Porge présentait néanmoins encore quelques difficultés. Il nous fallait user de quatre moyens différents de locomotion pour arriver au but.

---

(1) En 1866, l'aspect général des étangs est loin d'être le même qu'en 1860, le canal de dessèchement par lequel ils se déversent dans le bassin d'Arcachon les a éloignés de leurs rivages primitifs et par conséquent les a beaucoup amoindris.

1° Le chemin de fer jusqu'à Facture ;

2° La voiture publique jusqu'à Arès ;

3° Une carriole attelée de deux chevaux en flèche jusqu'au Porge ;

4° Enfin, traversée pédestre jusqu'aux étangs.

Si la combinaison de notre plan fut assez facile, il n'en fut pas de même de son exécution ; car, tandis que nous avions été favorisés pendant tout l'été d'un soleil splendide et que le jour de notre arrivée à Arès rien ne faisait présager qu'il dût se cacher, nous partîmes le lendemain par une pluie battante qui ne discontinua point tout le temps de notre excursion, et ne cessa tout juste qu'à notre retour au Porge.

Mais revenons au départ du matin. Réconfortés par l'excellent café que nous avait préparé le brigadier forestier Chéri Rougé, dont la cordiale hospitalité a droit à toute notre reconnaissance, nous nous décidâmes à partir pour les étangs.

Les sentiers de la lande nous amenèrent bientôt au milieu des anciens marais récemment desséchés par le canal d'écoulement, et après une marche d'environ une heure, nous fûmes obligés de nous abriter dans la maison forestière contre les torrents de pluie qui ne cessaient de tomber.

Mais des naturalistes ne peuvent rester longtemps inactifs en présence des objets de leur convoitise ; aussi chacun de nous s'armant d'un râteau ou de tout autre instrument propre à enlever le sable vaseux, se dirige vers les bords de l'étang le plus proche, connu sous le nom de l'*Église vieille*, et en retire avec des cris de joie, de magnifiques individus de l'*Unio*, but de notre excursion.

Une notable partie de l'étang venait d'être récemment mise à sec, et sur la vase encore humide nous rencontrâmes, presque en place, de grandes quantités de ces *Unio* dont quelques uns fort beaux ; un surtout, dépassait la plus grande taille connue et atteignait des proportions énormes (1).

D'autres espèces furent pêchées également dans les autres étangs ; mais nous n'y pûmes trouver vivants les *Anodonta piscinalis* dont de nombreuses valves gisaient cependant séparées ou réunies sur le sol mis à sec.

Le cantonnement de l'*Unio* dans un si petit espace, tandis que les étangs voisins de Lacanau et d'Hourtin ne le possèdent pas, est un fait

(1) 7 cent. 1/2 de hauteur, 14 cent. de longueur.

qui explique, jusqu'à un certain point, celui de certaines coquilles qui ne se sont rencontrées à l'état fossile que dans une ou deux localités restreintes. Ces *colonies*, comme les nomme M. le Professeur Leymerie, peuvent avoir été envahies tout-à-coup sur place, vivant ainsi *parquées* comme l'est de nos jours la majeure partie des mollusques terrestres ou lacustres, de là leur extrême rareté en d'autres lieux.

§ III

Nous avons à visiter encore les étangs situés plus au Sud et qui sont ceux de Cazau et de Sanguinet dans la Gironde, de Biscarrosse et d'Aureilhan, dans les Landes.

Le premier de ces étangs est, sans contredit, l'un des plus grands du littoral. Il est partagé dans sa partie médiane, de l'Est à l'Ouest, par la limite géographique des deux départements de la Gironde et des Landes. Nous l'avons visité deux fois : la première en compagnie de nos collègues MM. Clavaud et Léonce Motelay, la deuxième avec deux étrangers, simples touristes.

L'étang de Cazau présente la forme d'un triangle irrégulier à angles très-obtus, dont le plus aigu avance vers l'Est en face du hameau de Cazau.

Le canal des Landes reçoit le trop plein de ses eaux qui vont se déverser dans le bassin d'Arcachon près la station de la Hume. Ce canal amène également dans l'étang de Cazau le surplus de ceux de Biscarrosse, de Gastes, etc., qui bordent les dunes intra-littorales du département des Landes.

Autour de l'étang de Cazau, à droite et plus au Nord, se groupent de petites flaques d'eau, isolées les unes des autres par des clayonnages fixes. Nous commençâmes nos recherches de ce côté et nous en fûmes récompensés par de bonnes trouvailles, ainsi que par celles que nous fîmes dans le canal, sur le bord même de l'étang et surtout sur les pieux qui y sont plantés.

Nous fûmes moins heureux dans l'étang lui-même, car, à part l'*Anodonta piscinalis*, nous ne rencontrâmes que des vulgarités.

Dans une des petites flaques dont nous venons de parler, nous trouvâmes une délicieuse petite coquille appartenant assurément au *Limnea glabra* L., mais qui, tout en conservant certaines analogies avec le type, s'en éloigne par une foule de caractères dont nous aurons à parler dans la partie descriptive de ce travail.

A cette occasion, qu'il nous soit permis de signaler les étonnantes variations que nous avons observées tant de fois et qui feraient présumer des modifications successives, apportées à l'espèce par des causes qu'il n'entre pas dans notre plan d'étudier aujourd'hui, par l'hybridation entre autres, laquelle a offert à notre observation des faits très-extraordinaires.

Nous nous demandons, par exemple, comment il peut se faire qu'une espèce d'Hélice, l'*ericetorum*, subisse des modifications tellement brusques quelle se présente sur un côteau avec une taille quadruple de celle qu'elle offre sur un autre, et cela à une distance d'un kilomètre à vol d'oiseau ?

Nous avons recueilli dans plusieurs localités de l'Agenais, des individus qui passaient de l'*ericetorum* au *variabilis* et du *variabilis* au *fasciolata*, sans autre cause apparente qu'un changement réellement insignifiant dans leur station.

Nous avons pris soin de recueillir, dans cette même contrée, plus de mille hélices appartenant aux trois espèces désignées ci-dessus. Nous les avons disposées avec soin sur de grandes tables recouvertes de papier blanc, et là, par analogie de formes, nous sommes arrivé à les réunir par des passages et des nuances presque insensibles.

Nous ne disons pas qu'il en faille conclure que ces mollusques appartiennent à une seule et même espèce dont le type serait l'*ericetorum*, mais nous avons trouvé des individus du *variabilis* tout aussi discoïdes que lui et dont l'ouverture était aussi blanche. L'ombilic plus ou moins étroit ne saurait non plus être invoqué comme caractère distinctif, puisque certains *variabilis* l'ont tout aussi ouvert que les *ericetorum* les mieux caractérisés.

Ce que nous pensons au sujet de ces variations de formes, c'est que, la plupart du temps, des cas d'hybridation se manifestent à l'état de liberté, comme nous l'avons constaté plusieurs fois, et que, lorsqu'une forme est plus féconde qu'une autre, elle tend à envahir le canton qu'elle habite ; elle s'y perpétue pendant un temps qu'il ne nous est pas donné de déterminer, et tend toujours davantage à s'éloigner des formes de son prototype.

Il n'est pas étonnant, du reste, que la faune et la flore des dunes offrent des sujets d'études nouvelles, car l'aspect général du pays frappe l'œil de l'observateur par l'étrangeté de ses productions.

Ce ne sont plus ici ces côteaux calcaires de l'intérieur de la France, couronnés de chênes, d'ormeaux, de frènes et de châtaigniers; ni ces plaines couvertes de moissons, sillonnées par d'immenses cours d'eau, dont les rives sont ombragées par de grandes lignes de peupliers, d'aulnes, de saules et de charmes.

C'est une vaste plaine couverte de bruyères et de marais stagnants, sans autre horizon que les dunes ou les forêts de pin maritime qui la circonscrivent au loin et jusqu'aux bords mêmes de l'Océan.

Ces vastes steppes, déserts que la culture finira par envahir un jour, nourrissent une maigre population d'animaux, et le silence de ces solitudes n'est guère interrompu que par le croassement des corbeaux, ou le faible cri des mésanges qui fréquentent toute l'année les bois de pins et les fourrés d'ajoncs semés çà et là sur cet océan de bruyères.

Malgré ce triste aspect et la monotonie du paysage, on aime pourtant ces solitudes et c'est toujours avec un nouveau plaisir que le naturaliste s'y engage.

C'est donc principalement aux alentours des étangs et au centre des lètes qu'il peut espérer obtenir de voir rémunérer les peines et les dépenses qu'il fait dans le but de recueillir des faits nouveaux ou peu connus. Malheureusement le temps manque souvent pour conduire à bonne fin les recherches commencées, et nous avons toujours regretté que nos moyens ne fussent pas à la hauteur du vif désir que nous avons souvent éprouvé de séjourner un peu plus longtemps dans ces localités intéressantes.

En effet, bien souvent, il nous a fallu déserter un canton que nous avions à peine exploré et où nous aurions très-certainement pu faire de bonnes trouvailles en mollusques; mais les moyens de transport, les lieux de refuge et les choses les plus nécessaires à la vie nous manquaient à la fois, et nous avons dû laisser très-probablement à d'autres une foule de faits curieux à constater.

Nos regrets en seront amoindris par la pensée d'avoir ouvert la route à nos successeurs et indiqué les stations les plus convenables pour arriver directement au terme de leurs efforts.

N'aurions-nous que déblayé les sentiers et pointé les relais, nous serions encore satisfait de ce résultat modeste, et notre but serait atteint !

Bordeaux, 21 Mai 1866.

CATALOGUE DES ESPÈCES

Première Classe. — GASTÉROPODES.

Famille I. — LIMACIENS, Lamarck.

Genre I. — ARION, *ARION*, Férussac.

1. **Arion rufus** (*Limax*), Linné.

Var. *B. ater* (*Limax ater*, Linné).

Habite : Le type, auprès des dunes à Lacanau, Hourtin, Cazau, Arcachon, etc. La variété, à Sainte-Hélène, Lacanau, C.

2. **Arion cinctus** (*Limax*), Muller.

Limax subfuscus, Drap.

Hab. Le Porge, Andernos, Lége, Arès, Cazau, C.

3. **Arion fuscus** (*Limax*), Muller.

Hab. Arcachon, Facture, Salles, Saucats, CC.

Genre II. — LIMACE, *LIMAX*, Linné.

4. **Limax agrestis**, Linné.

Limacella obliqua, Brard.

Var. B. *violacea*.

Hab. Cazau, La Teste, Arcachon, Audenge, Andernos, Arès, Lége, Le Porge, CCC. La variété, Arès, Piquey, C.

5. **Limax maximus**, Linné.

L. cinereus, Muller.

Limacella parma, Brard.

Hab. Arcachon, Le Porge, C.

6. **Limax arenarius**, Gassies.
(Fig. 1).

Corpus parvulum, viscosum, posterius vix carinatum, sulcatum;

scutellum elevatum, gibbosum, granulatum; colore fusco-virescente vel sordide subfusco; tentaculis posticis brevis, obtusis, anticis breviusculis.

Animal, de petite taille, très-vif, gélatineux et visqueux, un peu caréné sur le dos; cuirasse très-élevée, gibbeuse, granuleuse, sillonnée en arrière; collier orné de rides onduleuses; partie postérieure chargée de sillons saillants, élevés; orifice respiratoire très en arrière; tentacules supérieurs courts, très-obtus, renflés au sommet; point oculiforme très-noir; tentacules inférieurs à peine visibles.

Coloration. Dessus du corps bronzé noirâtre ou verdâtre, cuirasse plus pâle et tirant sur le jaune sale, cou jaune grisâtre, pâle vers la cuirasse. Mucus abondant, incolore, irisant à la lumière.

Aspect général du *Vitrina semilimax grandi* ;

Hauteur, du pied au sommet de la cuirasse, 4 mill.;

Longueur, du mufle à la queue, 14 mill.

Limacelle ovale-arrondie, pellucide, blanche, brillante, avec une légère échancrure au sommet apophysal; stries très-fines; disposées dans le sens ellipsoïdal, visibles à un fort grossissement.

Mâchoire arquée en bec, finement striée, langue hérissée de papilles cristallines recourbées en hameçon, disposées d'avant en arrière en s'écartant vers les côtés.

L'accouplement a lieu pendant les pluies d'orage, alors que l'électricité est dans toute sa force; nous avons surpris plusieurs groupes dans cet acte, à Lamothe et au Teich le 28 Mai 1861; introduits dans nos caisses ils ont pondu trois jours après. L'éclosion s'est opérée le 20e, le 21e et le 27e jours.

Les œufs légèrement agglutinés sont fort petits, presque entièrement ronds, moins une petite dépression vers l'un des bouts. L'enveloppe est molle et élastique et, en les élevant vers la lumière d'une lampe on aperçoit un point sombre assez intense indiquant la présence de l'embryon, qui vers le douzième jour est déjà très-apparent.

Quelques accouplements ont eu lieu, de nuit, en captivité, mais nous n'avons pas pu juger s'ils ont été stériles ou féconds. Un fort orage survenu en Août ayant détruit nos caisses.

Stations. Cette limace habite les terrains sablonneux des landes du littoral. Nous l'avons trouvée la première fois en présence de MM. Fischer et Souverbie pendant l'excursion d'été de la Société Linnéenne, le 28 Juin 1860, à Lacanau, auprès du vivier d'eau douce au-dessus duquel est bâtie l'habitation du conducteur des ponts et chaussées qui dirige les plantations de pins destinées à fixer les dunes. Ce vivier est situé au bas de la dune, près de l'étang du côté opposé au bourg. L'habitation porte le nom de Moutchic.

L'animal était caché sous des planches humides et dans l'herbe des bords de l'eau.

Sa deuxième station a été Lamothe, sur la grande route de la Teste, au milieu d'un bois taillis récemment coupé et fort sec. Nous trouvâmes un individu dans l'orbite d'une mésange charbonnière tuée par l'orage. Dans d'autres circonstances nous l'avons trouvée à Andernos, rongeant des champignons.

Enfin nous l'avons rencontrée dans les prés salés du Teich, sous les joncs mouillés, en compagnie du *Succinea stagnalis*, rongeant les restes de muscles adhérant encore sur des os de mouton.

Se nourrit donc indifféremment de matières végétales et animales, bien qu'elle paraisse avoir une certaine préférence pour ces dernières.

Obs. Cette limace ne peut être rapprochée que du *L. agrestis*, mais il sera toujours facile de la distinguer, par sa taille six fois plus petite, son aspect glutineux, sa forme plus allongée et sa coloration.

Famille II. — TESTACELLIDES, Gray.

Genre III. — *TESTACELLA*, Cuvier.

7. **T. Haliotidea**, Draparnaud.

Var. *scutulum*, Gray.

Hab. Le Teich, La Teste, Facture, Salles, etc. C.

8. **T. Maugei**, Férussac.

Var. *albina*.

Hab. Gradignan, Blanquefort, Arès? CC.

Obs. Le *Testacella Maugei*, avec le *Succinea longiscata* et l'*Helix revelata*, font partie de la faune malacologique littorale commune à la France, à l'Espagne et au Portugal.

Famille III. — COLIMACÉS, Lamarck.

Genre IV. — VITRINE, *VITRINA*, Draparnaud.

9. **Vitrina major**, C. Pfeiffer.

Vitrina pellucida, Drap.

Helicolimax, Fér. père.

V. Draparnaldi, Cuv.

HAB. Lamothe. Arès, Eyzines, St-Médard, sous les vieilles haies. CC.

10. **Vitrina annularis,** STUDER.

Var. *subglobosa*, Mich.

HAB. Sous les haies, les débris de feuilles, etc., Eyzines, Blanquefort, Mios, La Teste, Cazau, etc.

Genre V. — AMBRETTE, *SUCCINEA*, DRAPARNAUD.

11. **Succinea arenaria,** BOUCHARD.

HAB. La lète de Piquey et le cap Ferret, etc.

Petite espèce de forme très-gracieuse, finement striée, d'une belle couleur d'ambre brillant, lorsque la coquille est débarrassée des corps étrangers qui la souillent.

12. **Succinea stagnalis,** GASSIES. (Fig. 2.).

Testa mediocris, suboblonga, obtusa, subturbinata, subventricosa, subtilissime striata, luteo-succinea vel fusca, nitida; anfractibus 3 convexis ultimo obliquo 4/5 longitudinis formante. Sutura profunda; linearis; apex obtusus; apertura ampla ovato-oblonga, obliqua, columella simplici, supernè incrassatâ; peristomate membranaceo.

Animal jaunâtre, quelquefois noirâtre tirant sur le violet; tentacules supérieurs courts et obtus, les inférieurs à peine visibles; pied grisâtre, collier, bord du pied et du mufle taché de violâtre et pointillé de jaune doré.

Le manteau est radié par les ramifications des veines qui viennent franger le bord latéral de la coquille. Ils apparaissent par transparence, d'un beau jaune d'or.

La mâchoire est cornée, brune, luisante, avec une apophyse supérieure ridée et fortement implantée dans le mufle, le peigne dentaire est armé de cinq dents recourbées vers le centre et avance en bec de perroquet.

La plaque linguale est très-allongée et pourvue de petites spinules un peu crochues sur le dessus, très-épaisses au point d'insertion.

Coquille un peu oblongue, obtuse, légèrement turbinée, un peu ventrue, finement striée dans le sens des accroissements, luisante, de couleur d'ambre passant quelquefois au bronze-verdâtre; spire composée de trois tours convexes, le dernier formant à lui seul les 4/5 de la longueur totale et, dans un sens très-oblique; suture médiocre, linéaire, assez profonde; sommet très-obtus; ouverture ovale-allongée, assez régulière, un peu oblique à droite; columelle simple avec un petit épaississement à la partie supérieure; péristome simple et membraneux.

Diamètre majeur, 4-5 mill.; mineur 3 $^1/_2$-4. Hauteur, 8-10. Ouverture, 4-7 haut. Largeur, 3-4 mill.

HAB. Au bord des étangs, à Cazau, Sanguinet, Lacanau; les prés salés au Teich, à La Teste, à la base des joncs, sur des pieux, etc. CC. Subfossile à Soulac (M. l'abbé Caudéran).

Var. *B. major*, les prés salés, CC.

Obs. Cette Ambrette est carnivore; nous l'avons trouvée sur des débris de mouton, avec le *Limax arenarius;* elle se nourrit également de matières végétales, de poissons morts et de mollusques en putréfaction. La forme courte et obtuse de la coquille la sépare nettement de ses congénères.

13. **Succinea longiscata**, MORELET.

Cette espèce signalée en Portugal par M. Morelet, a été retrouvée à Lacanau en compagnie des *Limax arenarius et Succinea stagnalis*, au bas du Montchic, près des bords du vivier. Nous l'avons recueillie également en dehors de la Gironde, mais toujours sur la rive gauche de la Garonne, auprès des eaux venant des Landes, sur les Iris (*I. Pseudo-Acorus*), de la petite rivière nommée Lourbise qui prend sa source dans l'étang de La Lagüe (landes d'Agenais). C'est au déversoir du moulin de Lussac que nous l'avons trouvée en 1864 avec M. Louis de Montesquiou. Nous en avons donné la description dans les Actes de la Société Linnéenne de Bordeaux en 1865, t. XXV, 4e livr., avec une planche noire.

Les caractères indiqués par M. Morelet sont en parfaite identité avec ceux de Lacanau et de Lourbise.

Cette espèce doit être réunie au groupe des *S. putris* Linné, *Pfeifferi* Rossmassler et *stagnalis* Gassies.

14. **Succinea Pfeifferi**, ROSSMASSLER.

HAB. Arès, Lége, Audenge, etc., dans les marais et lètes humides. Subfossible à Soulac (M. l'abbé Caudéran), CC.

Genre VI. — ZONITE, *ZONITES*, MONTFORT.

15. **Z. striatulus**, (*Helix*), GRAY.

Helix nitidula, var. B. Drap.

H. radiatula, Alder.

Hab. Sous les touffes de mousses et les troncs de pins à Arcachon, à La Teste, à Arès (Souverbie et Gassies), à Arcachon, à La Teste, à Arès, à Lège (M. Durieu). R.

16. **Z. nitidulus**, (*Helix*), Muller.

Helix lucida, Drap.

Hab. Les dunes et les lètes à La Teste, Arcachon, Cazau, Andernos, etc. C.

17. **Z. cristallinus** (*Helix*), Muller.

Hab. Les dunes et les lètes à La Teste, Arcachon, Piquey, sous la mousse, difficile à trouver. C.

18. **Z. cellarius** (*Helix*), Muller.

Hab. La Teste, Arcachon, Arès, Lège, Le Porge, Le Teich, aux environs des eaux ou des endroits ombragés et humides, C.

19. **Z. fulvus** (*Helix*), Muller.

Hab. Les dunes à Arcachon (Souverbie), assez commune sur une petite dune près de la gare. (Gassies, 1866).

Genre VII. — HÉLICE, *HELIX*, Linné.

20. **H. aspersa**, Muller.

Nom vulgaire : Cagouille.

Edule.

Var. *D. translucens*, Gassies.

Hab. Arcachon, La Teste, Arès, Andernos, etc. Suit les stations où se trouve le calcaire à bâtir, vit difficilement dans les terrains purement siliceux, CC.

21. **H. nemoralis**, Linné.

Nom vulgaire : Demoiselle.

Edule.

Hab. Les lètes, les dunes, et les landes, sur les genêts. A Lacanau, dans l'île des Boucs, au Moutchic, à Hourtin, Soulac, Le Porge, Arès, Andernos, Lège, Arcachon, La Teste, CC. (Très-orangée dans ces deux localités).

Nous n'avons jamais rencontré la variété à péristome blanc, *H. hortensis*, Auct.

22. **H. variabilis**, DRAP.
Edule.

HAB. Arcachon, La Teste, La Hume, etc. La variété scalaire déposée au Musée de Bordeaux, a été trouvée à Arcachon par M. Fischer.

Var. *F. picturata,* Gassies, très-belle à Arcachon.

Var. *K. lineata*, Olivier (*H. maritima*, Drap.).

HAB. Arcachon, La Teste, Piquey, Andernos, dans le cimetière où elle est circonscrite; très-petite, rarement fasciée.

Obs. Cette variété considérée comme espèce distincte ne peut être maintenue qu'à titre de variété. M. Souverbie en a rapporté de nombreux exemplaires de Royan, en tout semblables à ceux d'Arcachon, de La Teste, de Saint-Médard et d'Andernos. Le retrécissement de l'ombilic et la forme conique, invoqués comme caractères ne peuvent soutenir le plus faible examen, ces prétendues différences se retrouvant chez tous les individus de ce groupe. Nous croyons qu'on ne peut attribuer les caractères invoqués, qu'à l'influence marine.

23. **H. pisana,** MULLER.
Edule.

H. Rhodostoma, Drap.

Var. *C. fasciata translucens*, Gassies.

HAB. Arcachon, surtout la var. C. qui est très-remarquable; La Teste, La Hume, Cazau, Andernos, etc., CC.

24. **H. rotundata,** MULLER.

HAB. Les vieux débris de pierrailles et de briques; les troncs pourris des chênes et des pins, à Arcachon, La Teste, Audenge, Andernos, Arès, Lége, le Porge, etc., C. Arcachon dans les dunes, CCC.

25. **H. aculeata,** MULLER.

HAB. Les dunes sous les débris des pins, sous la mousse, rare. Arcachon (M. Souverbie et Gassies).

Obs. Il parait assez étrange de trouver l'*H. aculeata* et plusieurs *Pupa* au milieu des dunes les plus sauvages, alors surtout que ces espèces n'avaient été signalées que dans les parties montagneuses les plus calcaires. De tels faits d'habitats déroutent assurément les esprits systématiques, puisque ces dunes sont complètement dépourvues de roches où le carbonate de chaux soit signalé et dont la masse n'est composée que de quartz granuleux désagrégés.

26. **H. pulchella,** MULLER.

HAB. Arcachon, La Teste, Arès, Le Teich, Facture, CC. Subfossile à Soulac (M. l'abbé Caudéran).

27. **H. costata**, Muller.

Hab Arcachon, La Teste, Audenge, Lanton, Lége, Le Porge, C.

Obs. Cette espèce diffère de la précédente par les côtes qui l'ornent dans le sens de l'accroissement et qui persistent après la mort de l'animal, tandis que l'*H. pulchella* a le têt toujours lisse et dépourvu de côtes.

Les individus fossiles de Sansan, Gers, possèdent leurs côtes sans altération. Subfossile à Soulac (M. l'abbé Caudéran).

28. **H. revelata**, Férussac.

H. Ponentina, Morelet.

Occidentalis, Recluz.

Hab. Arcachon, La Teste, La Hume, Lamothe, les prés salés, Facture, Mios, Salles, Audenge, Arès, Lége, Le Porge, les têtes de Piquey, de la Garonne, etc., répandue mais peu commune.

Obs. Cette espèce dont l'aire se compose des sols arénacés qui forment dans l'Agenais et la Gironde la contrée située sur la rive gauche de la Garonne, est également répartie dans le département des Landes, mais toujours dans sa partie Ouest. Nous l'avons vainement cherchée sur la rive droite de notre fleuve, ce qui nous confirme que sa station véritable l'éloigne des terrains calcaires pour la confiner dans ceux dont la nature siliceuse paraît mieux convenir à son organisation.

C'est ainsi qu'à Facture, près de la gare, nous avons trouvé de nombreux individus collés sur des meules en silex gisant sur le sol.

A Bataillé, en Médoc, M. Guestier les recueille en grand nombre vers le mois de Septembre et d'Octobre, époque où le mollusque a acquis tout son accroissement.

Nous croyons donc que cette espèce est automnale et surtout éminemment occidentale ! Il n'y a, par conséquent, rien de bien étonnant à ce que ce mollusque soit identique à celui du Portugal et n'en diffère que par une épaisseur moindre, ce qui ne saurait être suffisant pour les distinguer spécifiquement, car le lieu d'habitation influe énormément sur les animaux et leurs coquilles.

Avec le *Testacella Maugei* et le *Succinea longiscata*, l'*Helix revelata* indique la présence des mollusques qui vivent sous l'influence marine, en Espagne, en Portugal et en France.

29. **H. intersecta**, Poiret.

Hab. Arcachon, La Teste, Cazau, Lacanau, CCC. Andernos, R. Subfossile à Soulac (M. l'abbé Caudéran).

Genre VIII. — BULIME, *BULIMUS*, Scopoli.

30. **B. acutus** (*Helix*), Muller.

Bul. acutus, Brug.

— *articulatus*, Lamk.

Var. *sinistrorsa*, Nob.

Hab. Tous les lieux secs et arénacés, manque presque complètement sur la rive droite de la Garonne. Excessivement commun à Arcachon, La Teste, Lamothe, Facture, Salles, Andernos, etc. Subfossile à Soulac (M. l'abbé Caudéran). Var. Sénestre à Mérignac.

Obs. La variété sénestre du *B. acutus* a été trouvée par nous en Juillet 1854, sur le tronc d'un jeune mûrier, dans la propriété de Monseigneur le Cardinal Donnet, à Mérignac. C'est en triant sur plus de deux cents individus que sa forme anormale nous frappa. Bien que la station de Mérignac s'éloigne des sables purs, nous avons cru devoir la signaler ici à cause du doute que nous avions fait de cette remarquable anomalie, dans notre catalogue raisonné, anomalie que nous ne croyons pas avoir été jamais signalée jusqu'à ce jour.

31. **B. subcylindricus** (*Helix*), Linné.

Helix lubrica, Muller.

Zua lubrica, Leach.

Hab. Sous les pierres, les bois morts, à Facture, au Teich, à Arès, à Lége, à Arcachon, R.

Genre IX. — CLAUSILIE, *CLAUSILIA*, Draparnaud.

32. **C. perversa** (*Helix*), Muller.

Claus. rugosa, Drap.

Bulimus perversus, Brug.

Var. *B. nigricans*, Pulteney.

Hab. Trouvée dans un bois récemment coupé, à Lamothe, sur des os de mouton, à Arcachon, dans les dunes sur les arbousiers, CCC. (Gassies, 1866).

Genre X. — MAILLOT, *PUPA*, Lamarck.

33. **P. umbilicata**, Drap.

Var. *B. abbreviata*.

Cette variété est remarquable par le raccourcissement de sa spire qui compte un tour de moins, ce qui lui donne un faciès trapu ; en outre l'ouverture paraît plus oblique et le péristome plus renversé.

HAB. La Teste, Arcachon, Facture, etc. CCC.

Genre XI. VERTIGO, *VERTIGO*, MULLER.

34. **V. antivertigo,** (*Pupa*), DRAPARNAUD.

Vertigo 6-dentata, Stud.
Turbo sexdentatus, Montagu.
Vertigo sexdentatus, Férussac père.

HAB. La lète de Piquey, à la base des joncs immergés, en compagnie du *Succinea arenaria*. R.

35. **V. edentula,** (*Pupa*), DRAPARNAUD.

Vertigo edentula, Studer.

HAB. Arcachon, sous les débris des pins, sous la mousse, RR.

Genre XII. — ALEXIE, *ALEXIA*, LEACH.

36. **A. myosotis,** (*auricula*), DRAPARNAUD.

Alexia myosotis, Morch.

HAB. Les lagunes du bassin d'Arcachon (M. Fischer).

Obs. Le remarquable travail du regrettable docteur Mittre nous a dévoilé les habitudes terrestres de ce mollusque qui ne peut vivre néanmoins loin de l'influence marine.

37. **A. bidentata,** (*voluta*), MONTAGU.

Jaminia bidentata, Leach.
Conovulus bidentatus, Gray.
Leuconia bidentata, Gray.

HAB. Les prés salés à Arcachon et La Teste, RRR. (M. Fischer).

TRACHÉLIPODES AQUATIQUES

Pulmonés aquatiques, CUVIER.

Famille IV. — LIMNÉENS, Lamarck.

Genre XIII. — PLANORBE, *PLANORBIS*, GUETTARD.

38. **P. nitidus,** MULLER.

Var. *B. clausulatus*, Férussac.

Hab. Les marais, sur les plantes aquatiques, à Lamothe, au Teich, etc. C.

39. **P. leucostoma**, Millet.

Var. *B. Perezii*, Graëlls.

Hab. Les fossés des prés salés, au Teich, parmi les débris de végétaux, à Andernos, CC. Subfossile à Soulac. (M. l'abbé Caudéran).

40. **P. albus**, Muller.

Var. *B. nana*, Gassies. F. 3.

Hab. Les étangs et leurs petits affluents, à Lacanau, au bas du Moutchic, à Hourtin, à Cazau, aux Clas de l'Ilet et de Lagouarde, etc.; à Arès (M. Durieu). Trouvé sur les fourreaux des phryganes avec le *Physa acuta*.

Obs. Cette variété, assez rare, pourrait constituer une espèce si les individus étaient assez nombreux pour pouvoir faciliter les comparaisons.

41. **P. spirorbis**, (*Helix*), Linné.

Planorbis spirorbis, Muller.

Hab. Andernos, Arès, Audenge, Certes, CC.

42. **P. corneus** (*Helix*), Linné.

Var. *B. minor*.

Hab. L'étang de Lacanau, CC.

Genre XIV. — PHYSE, *PHYSA*, Draparnaud.

43. **P. acuta**, Draparnaud.

Var. *C. minor*.
D. acutior.

Hab. La var. *C*, Pinchourlin, Lége (M. A. Lafont).
La var. *D*, les prés salés, à La Teste, Le Teich, Audenge, etc. Arès (M. Durieu), Andernos (Gassies), CCC.

Genre XV. — LIMNÉE, *LIMNÆA*, Bruguière.

44. **L. glutinosa** (*Buccinum*), Muller.

Amphipeplea glutinosa, Nilsson.

Hab. Les eaux froides et limpides, les étangs de l'Église vieille, de Bateurtot, de Cazau, etc., ne devient pas très-grande.

45. **L. auricularia** (*Helix*), Linné.

Var. *B. minor*.

Hab. Les chenaux des marais à Lacanau, Hourtin, Lége, etc., CC. Pas grande.

46. **L. limosa** (*Helix*), Linné.

Var. *B. intermedia*, Fér.
G. vulgaris, Pfr.
J. auriculata, Gass.

Hab. Les ruisseaux et les marais, les étangs, etc.

La var. *B*, à Pinchourlin, Lége (M. A. Lafont).
La var. *G*, La Teste. id.
La var. *J*, Lacanau, dans l'étang, CC.

47. **L. stagnalis** (*Helix*), Linné.

Hab. Les marais à Lamothe, Audenge, Cazau, etc.

48. **L. truncatula** (*Buccinum*), Muller.

Var. *arenosa*, Gass. F. 4.

Hab. Les flaques d'eau douce à la lète de Piquey et aux alentours du phare au cap Ferret. Subfossile à Soulac (M. l'abbé Caudéran).

Obs. Cette variété est très-distincte par la solidité de son têt violâtre, quoique vivant au milieu du sable de la lète où elle se trouve souvent à sec, car les trous qu'elle habite ne contiennent qu'un peu d'eau pluviale qui s'évapore avec rapidité; elle a la faculté de vivre dans le fond de la vase à peine humectée pendant l'été; nous avons pu le constater maintes fois en Agenais et dans la Gironde.

49. **L. palustris** (*Buccinum*), Muller.

Hab. Les marais, à Parentis, Pinchourlin, Lége (M. A. Lafont).

50. **L. glabra** (*Buccinum*), Muller.

Var. *B. subulata*, Kikx.
C. gingivata, Goupil.
D. reticulata, Gassies. F. 5.

Hab. Les var. *B.* et *C.* Les fossés des prés salés à la Teste, Audenge, Le Teich, CCC.

La var. *D.* les flaques clayonnées près l'étang de Cazau, C.

Obs. Cette dernière variété est des plus remarquables :

1° Par l'élancement très-gracieux de la spire ;

2° Son ouverture rétrécie relativement ;

3° La ténuité et la transparence ambrée du têt ;

4° Enfin par les réticulations de l'épiderme qui sont d'une finesse extrême et forment un réseau chagriné très-délicat.

Genre XVI. — ANCYLE, *ANCYLUS*, Geoffroy.

51. **A. fluviatilis**, Muller.

Hab. La Leyre, à Lamothe, l'étang de Rivière près Villandraut, la grande jalle de Saint-Médard, Saucats, etc.

52. **A. lacustris** (*Patella*), Linné.

Velletia lacustris, Gray.

Hab. Les eaux limpides et tranquilles sous les feuilles des *Nymphæa*, des *Potamogeton*, etc. La grande jalle de Saint-Médard, les étangs de Cazau, Sanguinet, Lacanau, Le Porge, Lége, Lamothe, etc.

Famille V. — PÉRISTOMIENS, Lamarck.

Genre XVII. — BYTHINIE, *BYTHINIA*, Gray.

53. **B. tentaculata** (*Helix*), Linné.

Var. *obesa*, Gassies, an *species nova?* F. 6.

Hab. L'étang de Rivière près Villandraut.

Obs. Ce mollusque, dont nous n'avons recueilli que six individus, nous a paru présenter des caractères qui devraient le séparer du *Byth. tentaculata* : 1° par sa taille moindre; 2° ses tours moins nombreux (3 ½ à 4 au plus); 3° sa forme trapue et obèse; 4° son ouverture plus anguleuse au sommet; 5° enfin par l'épaisseur médiane de son opercule, dont le nucléus central est très-saillant; aussi proposerons nous de lui donner le nom de *Bythinia obesa*, en attendant de plus nombreux sujets de comparaison.

54. **B. Baudoniana**, Gassies. F. 7.

Testa minima, turbinata, conoidea, ad basin ventricosa, superne subacuta, tenuis, longitudinaliter striatula, unicolor, corneo-fusca, subdiaphana; anfractus 4-5 convexi rapidè accrescentes (ultimo 1/3 longitudinis formante) suturâ profundâ separati, apice obtusa; umbilico rimatis; apertura ovato-rotundata, supernè subangulata, peristoma continuum, simplex, columella callosa, subreflexa alba; operculum corneum, tenuè, aurantiacum.

Animal grisâtre, tête et mufle gris enfumé, bleuâtre, tentacules cylindriques, obtus, gris vers les bords; yeux très-noirs; à la base externe, renflement oculaire et dessus du cou fauves.

Coquille conoïde, ventrue vers la base, peu aiguë au sommet, mince, fragile, finement striée en long, couleur de corne rousse à peine transparente, souvent encroûtée de limon ferrugineux; spire de 4 à 5 tours très-convexes, suture profonde, le dernier tour formant le tiers de la coquille, sommet mousse; ombilic étroit et profond, non recouvert par la columelle; ouverture ovale, arrondie, obtusément anguleuse au sommet; péristome continu, assez épais, columelle calleuse, à bord un peu réfléchi, bord latéral tranchant avec un léger bourrelet blanchâtre intérieur.

Opercule corné, mince, d'un beau rouge orange, à spire complète.

Diam. 6-7 mill. Haut. 8-12 mill.

HAB. Les fossés des prés salés au Teich, en compagnie des *Limnæa glabra* et *Planorbis Perezii*, CC.

Obs. Cette Bythinie est voisine de *B. Leachii*, Sheppard, mais elle en diffère par ses tours plus distincts, plus élancés et plus nombreux; par la fragilité de son têt, sa coloration, son péristome plus épais, son ombilic plus ouvert, et enfin par son remarquable opercule.

Genre XVIII. — VALVÉE, *VALVATA*, MULLER.

55. **V. piscinalis** (*Nerita*), MULLER.

HAB. Les ruisseaux à cours assez profond et tranquille, à Villandraut, Le Thil, Mios, Lamothe, Salles, Andernos, Arès, Lège; les étangs de l'Église vieille, de Bateurtot, etc. CC.

Famille VI. — NÉRITACÉS, LAMARCK.

Genre XIX. — *NERITINA*, LAMARCK.

56. **N. fluviatilis** (*Nerita*), LINNÉ.

Var. *C. nigricans*, Gass.
D. vinosa, Gass.

HAB. Les cours d'eau rapides et froids, sur les pierres, le vieux bois, les joncs, etc.

La var. *C.* les étangs de Villandraut; les sources du Thil; la Leyre à Lamothe, etc.

La var. *D.* à Saint-Selve; à Gujan, à La Hume, à Lége, etc.

Obs. Les stations du *N. fluviatilis* sont fort nombreuses, et là où cette espèce se plaît, elle y pullule à l'infini.

DEUXIÈME CLASSE. — ACÉPHALES, CUVIER.

Famille VII. — NAYADES, LAMARCK.

Genre XX. — ANODONTE, *ANODONTA*, LINNÉ.

57. **A. cygnea** (*Mytilus*), LINNÉ.

Edule.

Var. *B. cellensis*, C. Pfr.

HAB. Les étangs, les grands viviers. La var. *B.* plus commune que le type. Hourtin, l'Église vieille, Lége, etc. Dans les eaux de Lagrange, en Médoc où elle devient très-grande.

58. **A. piscinalis**, NILSSON.

Edule.

Var. *C. elongata*, Gass.
Var. *D. anatina*, Drap.
Var. *F. rostrata*, Kokeil.

HAB. Tous les cours d'eau, les étangs et les marais.

La var. *C.* dans la Leyre, la grande Jalle; à Lége; la var. *D.* Lége, la grande Jalle; la var. *F.* l'étang de l'Eglise vieille, de la Grane et de Bateurtot; Clas de Lagouarde et de l'Ilet.

Obs. Cette dernière variété est très-belle et se rapproche beaucoup de l'*A. rostrata*, Kokeil; les sels de fer en suspension dans les eaux qu'elle habite lui donnent des reflets métalliques irisés. N'est pas très-commune.

59. **A. Moulinsiana**, DUPUY.

Edule.

HAB. Les étangs de Cazau, Gastes, Biscarosse, etc.

Genre XXI. — MULETTE, *UNIO*, Philipps.

60. **U. littoralis**, Cuvier.

Edule.

Var. *B. elongata*, Gass.
Var. *C. sericea*, Gass.

Hab. La var. *B.* la grande Jalle, la Leyre, CC. La var. *C.* l'étang de St-Michel-de-Castelnau sur le Ciron, CCC.

61. **U. Requienii**, Michaud.

Edule.

Var. *C. arenosa*, Gass.
Var. *J. minima*, Gass.

Hab. La Leyre, C.; les viviers alimentés par des sources. La var. *J.* l'étang d'Irieu, dunes près Bayonne (M. Raulin).

62. **U. Deshayesii**, Michaud.

Edule.

Var. *B. platyrinchoideus*, Dupuy.
Var. *C. minor*, Gass.

Hab. Les grands étangs et les cours d'eau. Le type dans les étangs de Biscarrosse, d'Hourtin et de Gastes.

La var. *B.* dans l'étang de Cazau. La var. *C.* La Leyre; l'étang de Léon (M. Durieu).

Obs. Cette espèce, comme celle qui la précède, appartient au groupe dont l'*U. pictorum* est le prototype, et celle dont nous allons entreprendre la description semble les réunir par une foule de caractères.

63. **U. Danielis**, Gassies.

Nom vulgaire : Pelourde.

Edule.

Testa lævis, elliptica, subinflata, arcuata, postice subacuta, antice rotundata; valvis crassis, posticè varicosis, carinatis, anticè subtruncatis, plicis radiantibus ornatis, natibus prominulis contiguis, apice erosis; epidermide nitente fusco-viridi striatâ, radiatâ, fasciis brunneis ornatâ; dentibus cardinalibus erectis, compressis, crenatis, latis, lateralibus longiusculis, subcurvisque, interstitio baseos latiusculo truncatis; margarita alba, cæruleo-carnea et valde iridescens; ligamentum corneum brunneo-nitidum.

ANIMAL. Jaune de chrôme un peu rosé sur le corps et sous les branchies; pied épais, quadrangulaire, oblique, jaune pâle à l'insertion supérieure, couleur chair à la partie médiane, jaune-clair en dessous et très-jaune, presque orangé à la base; deux paires de branchies fauves, très-pâles vers la base, fortement plissées perpendiculairement par des nervures jaune-clair, finement et régulièrement striées en travers; feuillets d'attache interbranchiaux, très-espacés, nombreux, assez gros, mais diminuant graduellement d'avant en arrière.

Cloaque noir-vert livide, rempli de matières végétales visqueuses.

Corps jaunâtre, un peu irisé, comme la nacre; bords du manteau d'un noir bronze très-intense; papilles tentaculaires tuberculiformes un peu en massue, jaunâtres, se détachant nettement sur les bords qui sont d'un brun-noir brûlé. Ces papilles sont très-nombreuses, pressées et étagées comme le chaume d'un toit.

Foie très-volumineux, granuleux, de couleur saumon; orifice de l'anus noirâtre; bouche se dilatant largement en entonnoir; muscles d'attache assez forts, crispés, jaunâtres, les antérieurs doubles s'insérant fortement dans les fossettes.

Coquille très-inéquilatérale allongée, elliptique, arquée, rostrée, renflée assez fortement sous les umbones, lisse, luisante, jaune brunâtre dans le jeune âge, devenant à l'état adulte, bronze roussâtre avec des zones concentriques noires et jaune-roux; par suite de son séjour dans des eaux saturées de sels de fer les sommets s'imprègnent d'une belle couleur rouille luisante, le corselet et le rostre prennent aussi des reflets métalliques dorés irisant à la lumière. Aspect général arqué, partie ventrale sinueuse, côté antérieur assez brusquement tronqué, postérieur rostré. Valves assez épaisses, radiées antérieurement par des stries fines partant des sommets et qui finissent par former des plis en arrivant vers les bords; rostre très-allongé, caréné et orné de stries variqueuses ramifiées, obliques, serrées ou lâches et brisées souvent par les stries d'accroissement (1); umbones très-élevées, recourbées et presque jointes; à sommets toujours érodés, mais non com-

(1) Notre collègue, le docteur Souverbie, conservateur du Musée de Bordeaux, a essayé de détruire ces stries et ces varices à l'aide de la lessive de savonnier, mais elles ont persisté sur le têt après la destruction de l'épiderme, c'est d'après ces caractères et la troncature brusque des dents latérales, que nous avons cru pouvoir distinguer cette espèce.

plètement; à l'état jeune, le nucléus est orné de varices qui ne tardent pas à disparaître et dont il devient presque impossible de signaler la présence dans un âge plus avancé. Le ligament est corné, luisant, brunâtre, formant saillie et enserré à sa base dans l'épiderme qui est très-lamelleux sur le bord des valves.

Intérieur nacré, brillant, blanc violacé, bleuâtre irisé de vert, de rose et de jaune, plus violet postérieurement; souvent taché de jaune livide, surtout sous les umbones; impressions postérieures violet-clair, trigones, peu profondes, à bords continus, la petite supérieure un peu obliquement horizontale; impressions antérieures profondes, la supérieure ayant la forme auriculée avec le point musculaire très-profond et rugueux, l'inférieur ovalaire un peu ridé.

Dent cardinale de la valve droite très-élevée, verticale, triangulaire, aiguë, finement et irrégulièrement denticulée, lisse inférieurement, fortement ridée à la cavité insertionale qui est très-plissée et profonde.

Dent cardinale de la valve gauche très-élevée en lame à peine courbée vers le bord antérieur qui est large, arrondi et tronqué, partie postérieure lisse avec une petite dent courte à peine saillante, ne persistant pas toujours en vieillissant, située un peu en avant des crochets.

Dents latérales lisses, élevées brusquement, tronquées postérieurement, à interstice assez profond.

Cavité umbonale concave; bords antérieurs épais, les postérieurs minces; impressions palléales linéaires.

Cette espèce, voisine de l'*Unio pictorum* Linné, en diffère :

1° Par sa forme convexe, arquée et sinueuse ;

2° Par la carène de son rostre et les varices persistantes qui le parcourent;

3° Par les stries persistantes radiantes du bord antérieur;

4° Par ses dents cardinales plus aiguës, plus obliques, dépourvues de sillons et plus éloignées des nates. La valve droite ne possédant point de fossette d'insertion et présentant le plus souvent une seule dent cardinale presque lisse, à peine ridée.

5° Enfin par ses dents latérales plus élevées, plus lisses et brusquement tronquées.

Longueur	112 — 136.
Largeur.	55 — 65.
Épaisseur	38 — 40.

La différence de taille signalée ci-dessus peut donner une idée de la variabilité des individus. Quant à la forme, elle diffère peu et, à part le plus ou le moins d'obliquité, nous ne croyons pas nécessaire de signaler des variations sans importance.

Hab. Les étangs dits du Porge, composés des nommés : de l'Église vieille, de la Grane, de Bateurtot, Clas de Lagouarde et de l'Ilet, mais situés à une heure de marche de ce bourg au pied des dunes près du canal de dessèchement.

Le mollusque y vit en groupes nombreux en compagnie de l'*Anodonta piscinalis.*

Les plus grands individus ont été trouvés sur le sol récemment desséché par l'effet du niveau donné au canal de déversement ; ils étaient parqués en grande quantité.

L'étang de l'Église vieille nous a fourni les individus les plus brillants.

Nous dédions cette belle espèce à celui qui le premier nous l'a signalée ; aussi prions-nous M. Daniel Guestier de l'accepter comme une faible marque de notre attachement.

Famille VIII. — CARDIACÉS, Cuvier.

Genre XXII. — CYCLADE, *CYCLAS*, Bruguière.

64. **C. cornea** (*Tellina*), Linné.

Var. *E. gibbosa*, Gassies. F. 9.

Animal transparent à pied très-long, carminé vers son extrémité ; tubes très-distincts dirigés en haut et en bas, de couleur jaune un peu orangée.

Hab. Les parties marécageuses de l'étang de Lacanau près du Moutchic, etc.

Obs. Cette variété, très-obèse, surtout vers les umbones, est assez régulière, fragile, finement striée et recouverte d'un épiderme soyeux où se distinguent, à la loupe, quelques poils épidermiques courts et caducs.

Var. *F. complanata*, Gass., plus aplatie que le type.

Hab. Les marais de Parentis, R. (M. Durieu.)

65. **C. lacustris** (*Tellina*), Muller.

Hab. Les fossés herbeux, à Lacanau, la grande Jalle, Hourtin, Soulac, etc.

Genre XXIII. — PISIDIE, *PISIDIUM*, C. Pfeiffer.

66. **P. amnicum**, Jennyns.

Var. *B. sulcata*, Gassies.

Hab. La grande Jalle, La Leyre et ses affluents, Soulac, Hourtin, Cazau, Lége, C.

67. **P. casertanum** (*Cardium*), Poli.

Hab. Les marais, les fossés; commune à Arès, Lége, Parentis, Cazau, Le Teich, Lamothe, la grande Jalle, etc. CC.

68. **P. pulchellum**, Jennyns.

Hab. Le canal des Landes à Cazau, les lètes à Arès, Lége, à Lamothe, etc. C.

69. **P. obtusale** (*Cyclas*), Lamarck.

Hab. Les fossés herbeux, Le Teich, Lamothe, Soulac, Hourtin, RR.

70. **P. Gassiesianum**, Dupuy.

Hab. Les eaux vives et courantes, presque tous les esteys, les jalles, etc. Commune à Lamothe, Blanquefort, Lége, Lacanau, Le Porge, etc.

Obs. Cette espèce que plusieurs auteurs ne veulent point accepter est pourtant l'une des plus caractérisées du genre. Les individus de la Gironde sont un peu plus grands, plus bombés et plus tétragones que ceux de l'Agenais (1).

---

(1) Voir à ce sujet notre *Rectification de quelques synonymes dans le genre Pisidium;* in Journal de Conchyliologie, vol. V, p. 146, 1856.

(Extrait des Actes *de la Société Linnéenne de Bordeaux, t. XXVI, 2e livr.)*

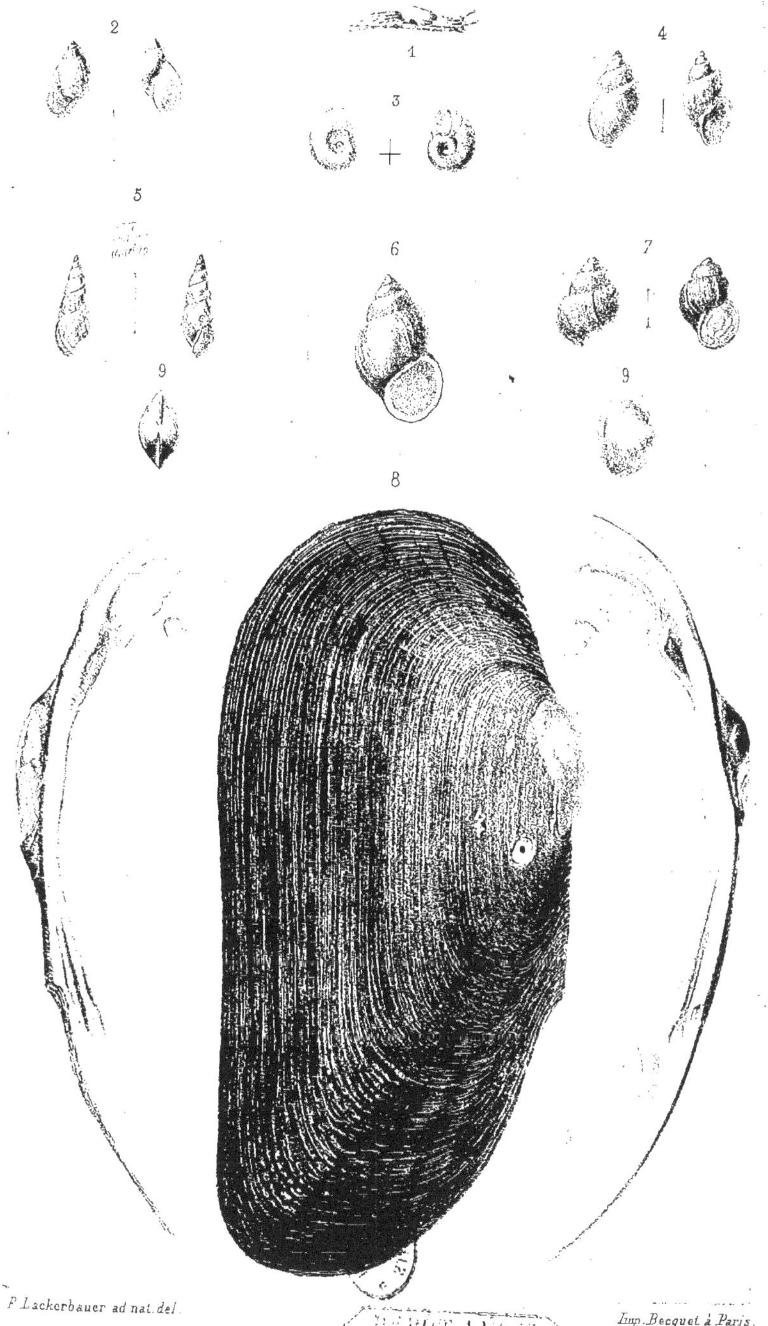

P. Lackerbauer ad nat. del.

Imp. Becquet à Paris.

www.ingramcontent.com/pod-product-compliance
Ingram Content Group UK Ltd.
Pitfield, Milton Keynes, MK11 3LW, UK
UKHW032023260826
14628UKWH00006B/2694

9 782013 738798